TWI—JI/JR/JM/JS 普通班学员系列教材

TWI 工作安全(JS)学员练习手册

TWI—Job Safety Course

安全地进行生产是主管不可推卸的责任

谢小彬　主　编
高志明　副主编

中国人民大学出版社
·北京·

题　词

TWI 和 MTP 培训教程从 1998 年起由中国企业联合会引入中国，十几年来收到很好效果，培训出很多优秀的企业实用人才。这两套教材的最大特点是坚持科学管理和注重发挥人的积极性和创造性。我国企业管理现代化水平随着 30 多年的改革开放有了很大提高，但在经济全球化的时代，不断学习国外先进经验仍是十分必要的，希望 TWI 和 MTP 培训教程的公开出版发行，能为我国培训出更多优秀企业管理实用人才发挥作用。

袁宝华 2014.5.12.

寄语

20 世纪 80 年代初我去日本访问期间，在了解日本经济腾飞的宝贵经验时，日本政府有关人士向我们介绍过，TWI-MTP 管理基础培训教程在日本经济成长过程中培养了众多管理人才，这一点，回国后我曾在著作中提及。

1996 年 1 月，我率团去日本参加谢小彬博士策划的“中国市场开拓研究会”首届研讨会，介绍了中国企业管理协会及强调在中国经济发展中扩大各领域对外合作的重要性，并有幸接触到日本产业训练协会。1997 年 11 月，袁宝华会长和我一起赴日，与日本产业训练协会签署了引进 TWI-MTP 教程的十年合作协议，并搭建了“中日经营合理化推进中心”这个合作平台，开始推动这两个经典培训教程在中国的发展。

20 年来，在各种培训项目层出不穷、此起彼落之中，TWI-MTP 教程始终一枝独秀，被用于专心培养企业内部的兼职资格讲师达 1 200 余人，间接培训企业各级管理人员十万余人，也为中国的经济发展做出了一点贡献。

“无意插柳柳成荫”。他山之石，可以攻玉，以我为主，博采众长。中国特色的市场经济需要大量的企业管理人才，我相信，作为为管理人才成长服务、被众多一流优秀企业选用、已经受了 70 年考验的 TWI-MTP 管理基础教程，一定也会在中国继续发扬光大，得到更多企业的肯定和充实完善！

中国企业联合会名誉会长 張彦宁

2017 年 3 月

前 言

《TWI 企业现场管理技能训练教程》（日本产业训练协会版）的最初版本源自美国，1949 年被正式导入日本后，即受到日本产业界的普遍欢迎。1955 年，日本通产省、劳动省和日经联共同设立了专门在民间推动 TWI 和 MTP 培训（《MTP 企业中高层管理技能训练教程》）的唯一机构社团法人日本产业训练协会（简称日产训）。日产训成立后，积极参与和推动企业内 TWI/MTP 培训及实施教材的开发编写工作(TWI 培训教材由讲师教材和学员教材及卡片三项构成)。其中 TWI 培训的成果尤为显著。60 多年来，日产训培养了民间企业内有资格讲师约 20 000 人次，其他由各县市政府培养的公务员有资格讲师也有约 20 000 人次，无论是超大型企业集团还是广大中小企业，都积极实施过 TWI 培训，并一直持续到今天。据初步统计，60 多年来在日本企业管理层中的累计受训者超过 1 500 万人次。

今天，TWI 培训已成为精益生产方式（即丰田生产方式 TPS）的坚实基础，不仅在日本国内经久不衰，在亚洲及世界其他国家和地区也同样受到好评，其中最受企业欢迎的理由是，通过 TWI 培训，管理人员能够扎实地掌握现场管理最需要的四项基本技能（即 JI 工作指导、JM 工作改善、JR 工作关系、JS 工作安全），脚踏实地地实施标准化作业及科学管理方法，带领员工确实达成组织的目的和目标。同时能够为打造一流产品提高自觉改善的动机，主动带领员工推动各种改善改革活动。

1998 年，在当时的中国企业管理协会会长袁宝华先生、理事长张彦宁先生的关心和支持下，TWI 教程和 MTP 教程一起被正式引入中国，在中国的企业管理现场反复推广实施，得到高度好评。截至 2016 年底我们共培育了 TWI-4J 有资格讲师 1 032 人次，累计受训者超过 10 万人次，并仍在迅速扩大之中。19 年来，TWI 教程被世界各著名企业的中国法人和中国广大大中企业集团陆续采用，培训方式也有公开班、内训班和师资班，并拓展到内训班＋现场跟踪指导等多种形式。

在工业和信息化部中小企业发展促进中心的积极支持下，为在全国各地的中小企业中继续推广普及 TWI 培训，我们参考了各年代的日文版讲师版和学员版教材，编译了《TWI 企业现场管理技能训练教程》，首次把 JI 工作指导、JM 工作改善、JR 工作关系、JS 工作安全的各讲师及学员教材的要点汇编成 1 册。同时，为满足广大企业渴望长期坚持 TWI 培训、巩固 TWI 培训成果的需求，我们同时推出了《MTP 企业中高层管理技能训练教程》，进一步充分调动员工的积极性，增强凝聚力，从而使企业蓬勃向上、充满生机。

《TWI 企业现场管理技能训练教程》2013 年正式出版以后已累计发行近 10 000

册，使 TWI 与 MTP 这两个著名培训项目的关联更为紧密，进一步提升了两个教程都反复强调的“科学方法和尊重人性”的价值观，更易于在管理现场实施，并获得实际效果。

《TWI 企业现场管理技能训练教程》中的 4 个模块：JI 工作指导、JM 工作改善、JR 工作关系、JS 工作安全的学员教材也已经在 2014 年 11 月后陆续公开出版，其中《TWI 工作指导（JI）学员练习手册》在短期内的发行量迅速突破 10 000 册，正在逐渐成为现代化企业培育工匠精神、掌握工匠技能的首选基础训练教程。

我们期待广大中国中小企业的经营者和管理人员在接受过 TWI 培训后，能够进一步了解日本式管理如何帮助企业从小到大、打造出世界一流的产品和服务。我们确信，TWI 培训不仅能够在大中型企业集团，也同样能够在中国中小企业培养一流管理人才中起到积极作用。

目前已经公开出版的 TWI-MTP 系列管理技能基础训练教材一共有 6 册：《TWI 企业现场管理技能训练教程》《TWI 工作指导（JI）学员练习手册》《TWI 工作关系（JR）学员练习手册》《TWI 工作改善（JM）学员练习手册》《TWI 工作安全（JS）学员练习手册》和《MTP 企业中高层管理技能训练教程》。在编译整理过程中始终得到了中国人民大学出版社李宏先生和各位编辑的大力支持，谨在此表示衷心感谢！

社团法人日本产业训练协会中国区首席代表、特别讲师

谢小彬

2017 年 2 月

目　录

Ⅰ　绪　言 …… 1
Ⅱ　什么是 TWI …… 1
Ⅲ　职场上常见的问题 …… 2
Ⅳ　主管必备的五个条件 …… 3
　1. 什么是主管 …… 3
　2. 主管必备的五个条件 …… 3
Ⅴ　主管与安全卫生 …… 4
Ⅵ　防止事故的必要性 …… 5
　1. 从人道主义角度出发 …… 5
　2. 从经济角度出发 …… 6
　3. 从社会角度出发 …… 6
Ⅶ　灾害连锁的内容说明 …… 6
　1. 间接原因 …… 6
　2. 直接原因——人的不安全行为、物的不安全状态 …… 6
　3. 事故——在生产经营活动中发生的突发事件 …… 7
　4. 灾害——由事故造成的伤害，有人和物两方面的损害 …… 7
Ⅷ　包装室的故事（事故的原因） …… 8
Ⅸ　安全作业方法（技能）的 4 阶段法 …… 11
　1. 4 阶段法的意义 …… 11
　2. 4 阶段法之功效 …… 14
Ⅹ　小宋的故事（物的问题） …… 15
Ⅺ　田小华的故事（人的问题） …… 17
Ⅻ　李成主管的故事（人与物的问题） …… 19
XIII　整理整顿的推进方法 …… 23
XIV　规则的遵守 …… 23
XV　安全三原则 …… 24
　1. 整理整顿工作场所 …… 24
　2. 维护保养设备 …… 25
　3. 按照标准进行作业 …… 25
XVI　结束语 …… 25

参考资料（含主要常用表格） …… 28
1. 实施“工作安全”之际的提示与建议 …… 29
2. 跟踪训练（追加指导）的必要性及体制 …… 30
3. 对指导者（主管）的要求 …… 31
4. 常用表格 …… 35
后　记 …… 41

Ⅰ 绪 言

现代技术的进步以及产业界日新月异的变化，给各行各业均带来巨大的影响和挑战。

作为现场主管，为了应对持续的变化和挑战，顺利完成自己的工作任务，就要不断地学习掌握新的知识和技能，要勇于变革与创新，走在时代变化之前列。

越是处在这样激烈变革的时代，现场主管就越有必要系统学习掌握 TWI 训练的基础技能，因为它是现场管理的基本原理原则和技法。

一切进步都是建立在熟练掌握基本原理原则基础之上的，正因为是在变化激烈的现在，我们才更有充分的理由强调，现场主管必须完全掌握 TWI。

TWI—JS（工作安全）是在 1950 年 TWI 被导入并开始运用于日本产业界之后，由日本政府指定社团法人日本产业训练协会在 1968 年自主开发的一门技能训练课程。近 50 年来，通过 JS 安全作业技能的训练，它取得了与 TWI 其他三个模块同样的巨大成果，它的科学有效性已经被众多企业的实践所证明。

各位主管，要协调与上司、同事以及部属之间的人际关系，要预防在职场上的、在生产过程中的安全卫生等各种问题的发生，首先要掌握和运用科学的方法。一旦事故灾害发生，要迅速地解决它并要知道今后怎样预防这些问题的发生。其实，当你确实掌握了 TWI—JS（工作安全）的方法，并把它付诸实践时，就能够预防职场上事故灾害的发生，保障部属在生产过程中的人身安全，大家工作的积极性也会大大提高。

过去人们常说，“事业即人”，现场主管要起模范带头作用，让职场上充满自我启发、相互启发的风气，这也是大家的重要任务之一。

努力学习本手册，让 TWI 在你的职场上结出硕果吧！

Ⅱ 什么是 TWI

TWI 是第二次世界大战时，由美国军方的技术人员开发并普及的一种训练方式。自第二次世界大战后导入日本以来至今为止，除广泛应用于生产部门及服务部门以外，也被活用于各行各业的职场，且均取得了巨大的成果。

这种训练的基本理念是：

①尊重人性，即承认世间的每一个人都有存在的价值和尊严。

②用科学的方法，也就是要消除作业（业务）上的不合理、浪费及不均衡。

另外，TWI 的基础训练（10 小时训练）的特征是：

①定型化，标准化。

②通过讨论与实际练习来进行。

③与知识相比更重视技能，即相较于应知更重视应会。

④浅显易懂，有速效性。

TWI 来自于下面英文单词的字头。

T：Training（训练）

W：Within （内部的）

I：Industry （企业）

Ⅲ　职场上常见的问题

职场上的问题是指主管必须要想些办法去解决的事，一旦放任不管就会给工作带来一些不利影响。

实际上，无论哪里的职场都存在着很多给品质（包括工作的质量）、生产（生产量、业务量等）、生产费用（经费、成本等）、安全（事故、灾害等）带来不利影响的问题。

不过，你有没有听说过“在我的职场没有问题，一切都非常顺利”等类似的话呢？事实上必须要意识到：说“没有问题”这种话本身就是大问题。

“熟视无睹”是指，如果没有问题意识，即使是问题就在眼前也会被忽视，而不会采取任何措施。最后，就会对生产（工作）的完成带来重大不利影响。

问题意识就是把问题当作问题来认真对待的姿态。

在正确掌握目标及现状的基础上，通过否定现状的思维方式来培养问题意识，就会对问题变得敏感起来。

如果是带着问题意识去正视职场，不仅对现在正面临的问题以及以前曾面对过的问题，就是对将来可能要面临的问题，也都容易觉察到了。

下面列出一些职场上的常见问题，请对照自己的职场，将这些问题中与你的职场相符合的问题项，用“○”做个记号。另外，如果你的职场还有其他问题，请另写出来。

①不遵守职场的安全生产规则。

②对安全隐患漠不关心，听之任之。

③不遵从上司的指示，无故离席或离岗。

④缺乏执行标准作业的意识。

⑤现场时常发生惊吓的状况。

⑥大伤虽没有，小伤不断。

⑦抱怨工作环境差，安全管理没人抓。
⑧职场全体人员士气低落。
⑨不按规定佩戴安全劳防用品。
⑩设备点检、安全点检走形式。
⑪可视化管理没有标准。
⑫危险源、化学品管理没有规范。

Ⅳ　主管必备的五个条件

1. 什么是主管

TWI所说的主管，不仅指的是职务分工制度上的组长、班长等人，也指在现场上实际管理着一些部属（员工），以及那些指挥或指导他人工作的人。

2. 主管必备的五个条件

主管的主要责任就是要解决自己所负责的现场的问题，使工作能够顺利、确实地向前推进，取得进展，而要完成这些任务，根据经验，需要具备下面五个条件：

(1) 工作的知识

这是关于每一位主管的职务或岗位所特有的知识，是为了能正确地完成任务所必备的知识。例如，在生产方面及服务方面，为了能准确地使用及执行作业标准、设备、材料、销售方法、客户接待方法等所必备的知识。

因为我们处在瞬息万变的技术革新时代，即便是做固定的工作，也要每天学习新的知识，并不断地累积，这是很重要的。另外，在开始新的工作，制造、销售新产品时，理所当然必须掌握新的工作知识。

(2) 职责的知识

这是作为主管所必备的有关责任与权限的知识，是为了按公司的方针、用工制度、作业基准、安全规则、岗位分工制度、业务计划、劳动合同等进行工作的知识。

这种职责知识，因公司、职场而各不相同，所以与此相关的知识，当然包括那些不同之处。

只要我们在职场工作，就必须按照职场的规定来尽职尽责。因此，就有必要充分理解自己承担的职责及相应的权限。

（3）指导的技能

这是通过充分地培训员工，使其能出色工作的技能。

一旦掌握了这种技能，就会明显缩短从新手到成手的培训时间，并且还会大大降低以往新手到成手过程所产生的浪费、不良品及返修品，减少安全事故，减少工具、设备的损坏和客户的投诉等。

无论主管掌握了多少工作知识和技能，如果没有好的指导技能，也很难把它很好地传授给他人。另外，无论你怎样热心地教，只要对方还是没能掌握正确的作业方法，那也必须重新去指导。

（4）待人的技能

这是一种有助于协调人与人之间的关系，使部属乐意同心协力配合主管工作的技能。

如果主管每天都使用这种技能，就能协调与部属的关系，预防职场上人际关系纠纷的发生；而且，即使发生了纠纷也能很好地处理。这是一种能够了解个人，充分考虑情景，与部属一起心情愉快地工作的技能。

（5）改善的技能

这是通过细分作业内容进行研究，或是使作业变得简单，或是决定合适的作业顺序，或是把作业进行组合等的技能。

一旦具备了这种技能，就能比现在更有效地利用材料、机器、设备及劳动力了。

有关“工作安全”的具体内容，都汇总在一张卡片（见后文插页所示）的正反面上了。

V　主管与安全卫生

（1）主管的立场

主管必须按照公司的、工厂安全卫生的基本方针和计划，确保工作环境的安全卫生。为此，就需要理解安全卫生的责任和权限，并使之贯彻执行。

主管与公司经营者、管理者一样站在经营的最前列，而且主管处于和一般员工直接接触的位置上，又担负着增进双方理解与信任的任务。

如果主管工作不够得力，不能把经营者的经营方针、经营计划、指示正确地传达给现场的员工，就会造成工作的脱节。

主管被誉为承担“重要角色”的人，因此主管应做到：

- 熟知作业方面的问题点、困难性、危险性以及作业繁忙和松闲时的状态。

- 能够制定正确的作业方法。
- 知道过去发生过的事故、灾害。
- 掌握员工的能力、性格、长处短处以及其所关心和希望的事。
- 有同员工相似的经历和经验，因此更容易与员工加深沟通交流。
- 作为员工的直接上司，最能够敏感地反映部属的心声，因而也是推进安全卫生的最佳人选。

主管要充分地理解自己是承担着重要角色的，因此：

- 为达到对事故、灾害防患于未然，主管要发现事故、灾害潜在的危险性、有害性；对可能发生事故、灾害的一切隐患，要挖掘根源，找出原因，思考对策。
- 主管是安全卫生活动的推动者，要以身作则发挥领导力的作用。
- 主管要建立良好的职场团队，提高部属的安全意识，持续重视且不放松。
- 主管对职场各种状态不能掉以轻心，安全意识不能松懈，追求良好的安全作业方法。

（2）主管的安全卫生责任

主管是生产现场最终结果的实际责任者，对安全卫生也负有责任。为了履行企业的安全卫生之责，在职场范围内，主管就是这项工作的推动者。

（3）主管在推动安全卫生工作中的主要任务

制定安全的作业程序；
追求工作环境及设备的安全维护；
正确地指导员工的安全作业；
保障员工安全的作业配置；
提高员工的安全卫生意识；
指导在事故、灾害发生时的正确行动；
寻找事故、灾害发生的原因，防止再度发生；
检查工作现场的各种异常，消除安全隐患；
等等。

Ⅵ 防止事故的必要性

1. 从人道主义角度出发

如果部属在现场受了伤，当然会有各种各样的损失。对于受伤的当事人及其家属来说，就会造成精神上和肉体上的痛苦和负担：当事人的痛苦，家属的操心，额外的开支，当事人也有可能出现体力下降，甚至于智力下降等情形。在这里列出的负担及损失，虽然有些是能够核算成金钱的，但是从迄今为止的经验来看，工伤保险的休养补助费，以及公司追加的休养补助费、探望费等费用，是无法完全弥补事故所造成的损失的。所以，这里要强调防止事故是非常重要的！

2. 从经济角度出发

救出受伤者，加班，给受伤者的补助，工作安排的变更，培训替代人员，士气的降低，时间的损失，生产能力的下降，机械设备的损坏、维修，设备运转的停止，还有事故调查所花费的人力物力等，这些都是事故带来的经济损失。所以，这里要强调防止事故是非常重要的！

3. 从社会角度出发

对一般社会人员的直接损害，损害补助，公司信誉的降低，公司生存的危机，公共设施的损坏等，如上所述，事故不仅会给当事人及公司，也会给社会带来巨大的损害。所以，这里要强调防止事故是非常重要的！

- 安全就是提前考虑对策，采取措施；而不是事故发生之后的善后处理。

当我们在自己的现场进行生产的时候，要时刻有意识的、必须要严格执行的事项就是安全生产。然而，尽管谁都知道安全是必要的，也认为它是非常重要的，但事故仍在发生，给人、给企业、给社会带来了损失。没有事故的时候，我们往往会忘记安全的重要性。一旦事故发生了，马上开始强调安全的重要性了，并且后悔为什么没有事先考虑预防措施呢。所以，人们常说“灾害是在你忘记它之时，悄然而至的”。

Ⅶ 灾害连锁的内容说明

1. 间接原因

A. 由于主管的管理不善而造成的原因

- 计划、安排、指示、指导、点检、确认、报告、手续、联络商谈。
- 作业标准、整理整顿的执行状况。
- 作业环境、设备机械的保养状况、日常点检的实施状况。
- 培训指导及安全卫生活动的推进状况等。

B. 由于个人因素而造成的原因

- 年龄、经验。
- 知识、技能、态度。
- 身体状况、精神状况、健康状态、心理因素。

2. 直接原因——人的不安全行为、物的不安全状态

人的不安全行为以及物的不安全状态，即生产/作业中的危险现象，大多数是具体、可以清楚地看到的状况和现象，这是直接引发事故的原因。

- 拆除安全装置、把手伸入正在运转的机器中。
- 不使用劳保用品。
- 摆放方法不正确、使用不安全的工具、速度过快等。

- 没有确保通道安全、没有设置安全装置。
- 对设备、机械的故障放置不管等。

3. 事故——在生产经营活动中发生的突发事件

妨碍正常行动、妨碍正常状态的异常行为/现象，具有引发事故、造成灾害伤亡的可能性，当其出现的时候称之为“事故”。事故通常会造成人员伤亡或财产损失，使正常的生产经营活动中断。

- 跌倒、碰撞、掉落、卷入。
- 触电、触及高温、爆炸。
- 接触危险物、有害物等。

4. 灾害——由事故造成的伤害，有人和物两方面的损害

- 不休假工伤、休假工伤、身体机能障碍、死亡等。
- 设备、机械、材料、生产的损失等。

运用安全作业的方法切断灾害连锁

海因里希的统计说明

海因里希是美国某生命保险公司专门研究灾害统计的人，他在安全教育方面也是世界上的知名人士。他的代表著作有：《防止产业灾害》；《安全教学示范》等。根据海因里希的调查，得到了下列令人关注的数据。

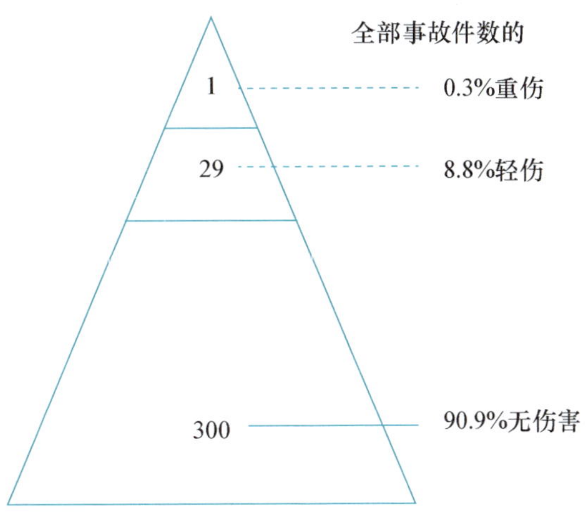

把这些数据按比例计算就是 1∶29∶300。

即如果出现 1 名重伤者，就会有 29 名轻伤者，以及幸免于难的 300 人。

不能把安全统计与其他的统计看成是一样的。例如按上述统计，在330件的同种事故中，有一件是受重伤的，换种说法就是990：3的比例。如果把它视作产品的不良率，绝对算不上是糟糕的数字吧。可是在安全方面，这一件就是问题了。

比如在330个奶油蛋糕中，即使只有一个是有毒的，那么谁会吃到呢？有判断力的人，为了不让任何人吃到，就会把这330个奶油蛋糕全部处理掉。因为发生事故的情况就是，人们会不经意地拿起这些奶油蛋糕放入口中。

这个统计，就是要教给我们上述的道理。

Ⅷ　包装室的故事（事故的原因）

这是个非常忙的现场，此现场负责产品的包装及发送。在这个现场上，除了王主管以外，还有10名作业员。搬运员小叶负责产品的搬运及包装材料的补给工作。清洁员小田负责清扫包装室，清扫工作要频繁地进行，方法是先把垃圾扫到一起，然后在垃圾箱近处的出入口旁边堆放，最后再把这些垃圾放到手推车上，打开出入口的拉门，放进垃圾箱。其他的员工不使用这个拉门。

情况是：大约两个星期前，拉门A的滑轮脱落不能开、关了。使用这个门的清洁员小田向王主管汇报了这个情况，但是王主管没有采取任何措施，这个状态就这样持续着。小叶受伤的当天，王主管接到上司的通知，说厂长会带领客户来参观现场。十点半左右，王主管在早上的工作结束后到该现场巡查时，发现了那堆垃圾，就吩咐小田说："可能马上会被厂长看到的，所以要立即把这堆垃圾清理掉。"因为王主管在看着，所以清洁员小田干劲十足地想一趟就把垃圾全部拉走，于是开始拼命地往手推车里装垃圾。王主管因为小田已经开始作业了，感到很满意，就把视线转向了别处，他看到中央通道上放着空箱子，空箱子是搬运员小叶暂时放在那里的，因为王主管经常告诫大家不要把东西放在通道上，于是他马上去找小叶，但没有找到。就在王主管等小叶回来的期间，他看到往手推车上装完垃圾的小田通过中央通道从拉门B走向垃圾箱，他突然想起拉门A坏了的事情，他想等整理好空箱子之后，必须要想办法解决才行。

不久，小叶和同事边说着什么边走过来了，看到王主管时不好意思地笑了笑，想尽快开始工作。这时，王主管手指着空箱子说："不是说过不可以在通道上放东西的吗？趁还没有粗心的人被绊倒之前，赶紧收拾起来！"小叶说完"对不起"之后，就急忙开始收拾了。当小叶拿起空箱子走了两三步时，脚下一滑，想找回平衡的小叶的左手撞在了作业台上，受了挫伤，空箱子也损坏了。

从事后调查的结果了解到，小叶因为王主管的催促，根本没有心思去看脚下，踩到毛刷上就滑倒了。因为那个毛刷旧了，所以作业员把它扔掉了，它被扫到垃圾堆里。当过度装载着垃圾的手推车通过中央通道的时候，在一块被修补过的地方颠簸了一下，毛刷就掉落到地上了。

包装室布局图

其他车间
拉门A
垃
圾
箱
作业台
中
央
通
道
现场说明：
1.
2.
3.
4.
5.
6.
7.
8.
计
量
器
拉门B
相关人物：
王主管 搬运员小叶 清洁员小田

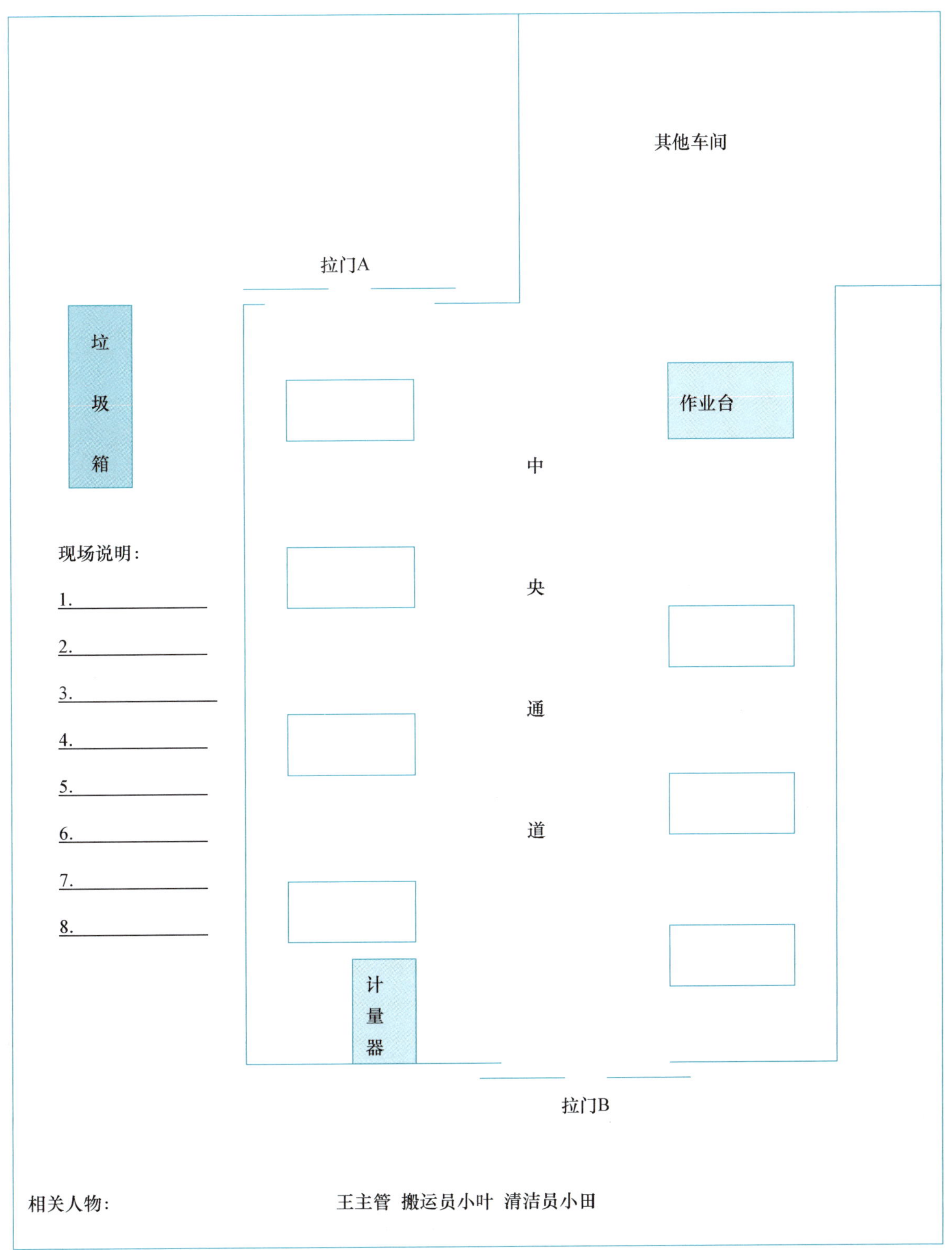

事故发生时的状况图

其他车间

拉门A

垃圾箱

作业台

状况说明：

1. ________________

____

2. ________________

____

3. ________________

____

4. ________________

____

5. ________________

____

通道

计量器

拉门B

相关人物： 王主管 搬运员小叶 清洁员小田

1.查明原因		2.思考决定	3.实施对策		4.检查结果
事　实	间接原因	直接原因 不安全行为·状态	事　故	灾　害	
	思考决定		对　策	人的： 物的：	

Ⅸ　安全作业方法（技能）的 4 阶段法

1. 4 阶段法的意义

JS 安全作业的 4 阶段法是：只要有部属在职场作业，不管作业的规模、形态有何不同，都可以运用这张卡片来进行职场的安全卫生管理，也就是说 4 阶段法是“安全作业方法”的基本原则。为了预防事故、灾害的发生，就必须按照以下的步骤、方法来进行职场的安全卫生管理。

第 1 阶段——查明原因

第 2 阶段——思考决定

第 3 阶段——实施对策

第 4 阶段——检查结果

安全作业的 4 阶段法就是对发现可能形成事故、灾害的主要原因建立计划，实施探讨。这也就是解决问题的方法。

第 1 阶段——查明原因

首先，必须事前发现可能形成事故、灾害的原因。所谓查明原因，即对于放置不管就会造成异常并形成事故、灾害原因的状态，要进行事先的调查。

为使主管能够事先查明原因，就必须按照卡片所规定的细目来做。

(1) 观察・调查・询问

- **观察：** 主管必须掌握职场的真实状态。为此，必须通过自己切身的感受来观察职场的现状，特别是要用眼睛来观察。通过对职场的检查、巡视，就能掌握职场的真实状态及其异常情况等。
- **调查：** 调查每个员工的安全记录和业绩，记在心中。
- **询问：** 主管必须积极地与部属沟通交流，让他们充分地表达想法与心情。掌握了部属的这些情况后，就可能发现形成事故、灾害的原因。在掌握部属的想法与心情时，不要与其争论，不要打断说话，不要过早下结论，不要独占发言权，做个好的听众。这样能让部属表明想法与心情，从而达到主管掌握职场现状的目的。

(2) 从物到人全方位

重要的是：要通过对物和人两方面进行观察、调查、询问。

(3) 参照规则与惯例

能够形成规则与惯例的一定有它存在的理由。作为主管，要在精通规则与惯例的同时，对部属是否遵守进行确认。如果部属不遵守规则与惯例，则要让部属理解规则与惯例，并进行正确的指导。但是由于惯例是不成文的规则，在指导时需加注意。

(4) 安全意识不松懈

主管要有问题意识，计划性地思考事故、灾害的主要原因。问题意识及安全卫生意识是发现事故、灾害原因的前提条件。

问题意识产生于能否正视职场现状的基础上。为达到安全意识不松懈之目的：

- 不要安于现状，要否定现状、明确目的。
- 要积极思考：如果放置不管会造成怎样的结果。
- 发觉不妥的地方，思考为何不放过它。
- 要站在部属的立场、角度上思考问题。

(5) 事故风险要预见

主管必须透过表面现象（看似正常状态）来发现可能形成事故、灾害的原因。为达到这一目的，需要掌握过去的资料来分析现状，不仅要知道职场在安全方面有哪些弱点，还要能预见这些弱点是否会形成事故、灾害，从而发现可能形成事故、灾害的原因。

(6) 要追根寻源

这是涉及第 1 阶段所有细目的注意事项。主管必须牢记在心，不要被表面现象所蒙蔽，而是要深挖，找出形成事故、灾害的真正原因。

第 2 阶段——思考决定

在第 1 阶段中发现了可能形成事故、灾害的原因后，在第 2 阶段就要针对形成事故、灾害的原因思考对策。在第 2 阶段中并不只是思考有无实施的可能性，而是要广泛地思考有哪些对策。

（1）分析原因理关系

就是要针对有无遗漏的原因，原因之间有无相互关联、矛盾的地方来进行分析整理。这时的主管并不是在脑子里想要怎么做，而应该写在纸上进行探讨，这尤为重要。如有不清楚的地方必须再次到现场，运用第 1 阶段的细目一个一个地再次观察、调查、询问。在整理原因的相互关系时，要抓住它们的因果关系。

（2）要询问知情人士

在思考对策时，咨询一些有经验的人或专家，可以得到很好的启发。当然，知情人士也包括职场的员工，询问员工同样可以得到重要的闪光点。

如果能邀请部属一起参与思考对策，那么对提高职场的安全卫生更是有意义了。

（3）要考虑多种对策

不要针对一个原因只考虑一种对策，而是要考虑多种对策。

在决定对策时，需要根据事态的紧急性、重要性来做决定。

（4）要确认方针规则

在决定对策时，要注意必须确认是否违反公司的方针与规则，因为违反了公司的方针与规则的对策是无法实施的。主管要知道公司的方针与规则，同时，掌握上司的方针也是很重要的。

（5）要制定第二预案

决定对策时不仅是决定一个对策，而是要考虑到由于各种情况，有些对策的实施需要一定的时间，所以要制定第二预案。

（6）要自我反省

只责备他人而忘记了自身责任的情形是时而发生的。由于主管在工作中的管理方式方法会给部属产生很大的影响，所以主管要切记自我反省，这很重要。

第 3 阶段——实施对策

在实施对策时要考虑自己的责任、能力、权限和时机。

（1）是否能自己完成

应该由主管自己来做的工作，就必须自己来完成。

（2）是否要报告上司

超越了自己权限而对策无法实施时，主管可请求能做的人来做，即报告上司以求助上司的权限。但如果自己能做的事也推给上司，这就成了给上司添麻烦。

（3）是否需求助他人

如果没有相关人员的理解、协助，只是一个人固执地去做，一个好的对策也难以发挥它的效用。特别是：得到部属的配合相当重要。

（4）要立刻实行

对策决定后要立刻付诸行动，不要犹豫徘徊，杜绝由于对策实施的迟缓而造成事故、灾害的发生。

第 4 阶段——检查结果

对策实施后，检查结果相当重要。通过检查结果可以得知是否已经收到效果，或是否正在收到效果。

(1) 是否已再三确认

对实施的对策要再三确认，特别是一些不能离开视线的对策要盯住不放。检查确认不应该是临时地应付，而应该是有计划地执行。

(2) 是否已确实执行

要检查是否按照要求实施对策。确实是指效果的显现。

(3) 是否原因已消除

通过对策的实施，必须确认形成事故、灾害的原因是否消除。

原因消除，即做到了对事故、灾害的发生防患于未然。

(4) 是否隐患会再生

对策实施后，也会有很多新的可能形成事故、灾害的隐患。所以，主管一定要注意是否有新的形成事故、灾害的隐患。

有事故必有原因，消除一切安全隐患！

有事故必有原因，我们要消除一切安全隐患，防止事故、灾害的发生。

作为主管要领会［**安全**］中的一个重要原则，即［**一切事故均可预防**］这一道理。

另一个［**安全**］中的重要原则是：［**为了不让我们的员工、我们的同事受伤，主管必须要让员工们安全地作业。这是我们不可推卸的责任**］。

2. 4 阶段法之功效

(1) 将卡片作为确认检查的表格来运用效果甚佳

这张卡片的两面记载着安全作业方法基本的要求。

为了防止事故、灾害的发生，主管应该做什么、应该怎么做，卡片都一一告诉了我们。可以说，卡片就是一张确认检查表。

(2) 卡片可以为自我反省提供素材

主管可以把自己在实际安全卫生工作中所做的事和卡片进行对照，看看有哪些地方做得不足，以此进行自我反省。

(3) 卡片有助于早期发现形成事故、灾害的原因

事故、灾害的潜在性容易被疏忽，通过对卡片每一条细目的运用，可以事先发现可能形成事故、灾害的原因。卡片是早期发现形成事故、灾害原因的线索。

(4) 卡片有助于分析原因

一旦事故、灾害发生，可以通过对卡片细目的运用来分析原因，这样可以防止对形成事故、灾害原因的遗漏。

(5) 卡片有助于对经验上不足的反省及心有余悸的安全隐患的分析

运用卡片能发现由于经验上的不足造成的灾害，和让人感觉到危险隐患产生的原因。

(6) 有利于职场的点检

活用卡片，将卡片用作于职场的点检，可以发现事故、灾害的隐患。

(7) 运用卡片，促进沟通交流

通过对卡片的运用，可以加深与部属间的沟通交流，使部属坦诚地提出意见和建议，这不仅有利于早期发现可能形成事故、灾害的原因，更能形成一个良好、透明的职场环境。

(8) 通过对卡片的运用提高解决问题的能力

工作安全的 4 阶段法是消除安全隐患、防止事故发生的科学的方法。

运用 4 阶段法等于是在练习提高解决问题的能力。(参照后文插页所示卡片)

X 小宋的故事（物的问题）

(小宋的故事—1)

某电器厂零部件车间的组长，看了因人员调整将要转到该现场的员工的记录，准备要接收他们。看到其中一个叫小宋的员工的记录后，组长心想，来了一个不省心的人啊。根据这个记录，小宋参加工作 1 年半，在此期间发生了一次无假的工伤，以及一次有假两天的工伤。因此，这位组长就认为他是个有灾害频发倾向的人，必须要对他进行特别的训练指导。

这位组长对小宋的训练，从他来到车间的那天起就开始实施了。

小宋的作业就是：剥掉塑料电线的绝缘体后安装到产品上，再切成规格的长度后安装到插头上。规定要使用剥线器剥掉绝缘体。有两天左右，这位组长陪在小宋的身边让他作业，因为看他大体会做了，所以就让他一个人单独作业了。

就这样大概过了一个多星期，小宋的左手食指挫伤了。虽然作业规定要用右手使用剥线器，但是平时就没有被贯彻下去。小宋就是先轻轻地夹住塑料电线，然后边用左手的大拇指及食指压住剥线器的前端，边剥掉绝缘体的。受伤当时的情况就是，正当小宋想用双手将剥线器夹紧的时候，一位同事被拖过来的电线绊倒了，因为电线被拽了一下，他左手的食指一滑就被夹住了。原来，这个现场的通道不明确，而且电线就绕在作业台后面 3 米远处的卷盘上，在地上被随意地拖来拖去。

当时，小宋所使用的不是调过来时所分配的新剥线器，而是一个旧的、金属扣已经松动了的不好使的剥线器。

结果，小宋受的伤，虽然属于无假工伤，但也要 7 天才能痊愈。

(小宋的故事—2)

组长让小宋去做简单的工作，理由是小宋在以前的现场也发生过两次事故，是一个具有灾害频发倾向的人。组长认为这绝不是自身的责任，自己也无能为力了，于是想尽早地解决小宋的问题。小宋的工作，就委托有经验的老姜来做，让小宋去做现场的扫除及整理等工作。这样的变更，还不到一个星期，老姜又发生了和小宋一样的事故。组长对于接二连三的现场灾害，向老姜以及全体员工提出了严厉的警告。

在那之后，过了两三天，小宋来向组长申请调换工作岗位。组长立即向上司汇报了小宋的灾害事件，提出给他调换工作岗位的意见。

与小宋同时调入车间的员工们听了这件事之后，开始抱怨、不平，现场变得混乱了。这时，这位组长就向上司求助了。

上司调查的结果，明确了如下的事实。根据调查，小宋以前的两次事故都是在培训期的 4 个月之内发生的，在原现场的 1 年零 2 个月期间没有发生过事故。另外，在这个现场虽然规定了应该给新来的员工分配新的工具，但是老员工们却擅自使用新工具，让新来的员工使用旧的、不好使的工具。老姜受伤的时候，使用的就是小宋用过的那个又旧又不好使的剥线器。

关于物的心得

小宋的故事告诉我们：如果单方面过分地注重人，就会造成片面判断的结果，要从物到人全方位地进行观察、调查、询问。

尽管员工有安全意识，如果现场的物的状态不佳，就会面临发生事故造成灾害的风险。把这些不良的状态改善成易于作业的安全现场，是主管的责任。

主管一定要严格按照卡片“工作安全”这一面所提示的有关现场“物”的应有状态、放置状态、使用状态等全方位地进行判断。

1.查明原因	2.思考决定	3.实施对策	4.检查结果	
事　实	间接原因	直接原因 不安全行为 · 状态	事　故	灾　害
				人的： 物的：
	思考决定		对　策	

XI　田小华的故事（人的问题）

（田小华的故事—1）

在某一个工厂，有一位叫田小华的员工。田小华有6年的工龄了，现在作为现场的主要骨干力量，干劲十足。这个工厂近几年来取得了迅速发展，与此同时，频繁地进行着作业方法和产品的变更，也有人员的增加及组织体制的变动。

某月中旬，田小华的主管从制作科经理那里接到了组织变更的通知：为了完善产品检验的合理化，从下个月的1号起，把原来属于实验科的检查组合并到制作科。

在两三天后的午餐时，田小华的主管听到部属们正在闲聊有关合并的事。

话题的中心是：由于这次变更要采用班长制度，谁将成为班长呢？在那些议论中，班长候选人也包含了田小华。不知道是不是心理上的作用，田小华本人的举止看起来好像对这件事也自我感觉良好，沾沾自喜。

虽然班长制度目前仅是个传言，但是这个传言以及田小华的举止让主管感到一些困惑。另外，通常关于这个变更在厂长宣布前是不可以随意发表议论的。该工厂迄今为止的惯例，是厂长提前2天宣布。

于是，田小华的主管在吃午餐时不露声色地用试探的口吻与田小华进行了交谈。

果然，心情很好的田小华讲了许多，甚至连没问他的事情也说了。他告诉主管，只要一升职就立刻打算结婚组建自己的家庭，大概在近期内就可以实现吧。到时候，还请多多关照。这样的谈话，田小华的主管几乎没能插上任何话。

当天下午，田小华的主管调查了有关田小华的记录，成绩很不错，也很有积极性，有很好的经历，没有发现什么缺点。主管进一步调查了田小华徒弟们的工作记录，这时发现了让人感到意外的事情。

正好在8个月前，田小华的2个徒弟相继都有过无假的切伤记录。

实际上，田小华的主管调到这个现场是6个月前的事，对于8个月前的事情并不了解。

于是，他马上找到受过切伤的2个人谈话。最初，这2个人都回避地说，8个月前的事情就不用再提了。通过主管的耐心询问，最终还是成功地问出了现场记录上没有写的事实。原来，正好在8个月前，公司也是为了提高生产要在制作科增设一个班组。那个时候也曾有过增设班长的传言，而传言的中心也是田小华。田小华本身也意识到了，也曾和他们说过这件事。后来因为增设班长没有实施，所以田小华很失望。田小华认为自身被认可的唯一手段就是靠自己来提高生产。当时作为徒弟的他们是出于同情才去帮他的，但是，过度地逞强硬干的结果是，2个人在作业中都受了切伤。

（田小华的故事—2）

田小华的主管第二天又找田小华谈话了。因为在昨天的谈话中田小华提到了要结婚的事，所以问了他结婚打算的状况之后，讲了变更频繁的现场的现状，请他参与安全方面的工作。最初并没有表示出关心的田小华，在接到被委托到安全管理员老白那里去学习的通知后，还是兴冲冲地去了。

安全管理员老白接到了田小华的主管的通知，针对现场预防安全事故的事项详细地向田小华作了说明，并教给他推进安全管理的方法。田小华精神百倍地回来，立即投入工作。他抽空就到办公室来，查看过去的事故记录及事故报告书等，而且自己还详细地做着记录。这样的状况持续了 2 天左右，田小华带着一副困惑的表情来到了自己的主管那里，说有不懂的地方想要请教主管。这是田小华迄今为止前所未有过的表现，主管非常耐心地和田小华一起调查相关的资料，并对田小华在对策中考虑不周的地方进行了修改。

方案完成后，主管和田小华一起把方案拿到经理那里，主管告知经理这是田小华的功绩。为了能够实施推动安全工作，主管向经理报告并申请下达指令。讨论的结果是，通过了安全管理的方案，并且决定实施。

被任命为实施负责人的田小华，这时主动向主管说了自己应该是没有资格的，因为 8 个月前 2 个徒弟所受到的伤害，大部分都是自己的责任。主管肯定了田小华的努力，并鼓励他继续推动现场的安全工作。

然后，主管召集了现场的全体员工，拿出了田小华的方案，说明了其必要性之后，明确地宣布田小华为安全实施负责人。同时，主管向经理提出了让田小华参加 TWI 培训的意见。

这位主管调查记录的时候，发现了 8 个月前的切伤事故，就与当事人进行了谈话，当认识到原因出在田小华的安全意识上时，马上将田小华的积极性引向了好的方向。

关于人的心得（待人的要诀）

主管的意识及管理方法，会对现场员工们的行为或者态度产生很大的影响，重要的是主管首先要进行自我反省。主管本身的姿态有时也会给现场带来浪费、不均衡、不合理、混乱，具体地说就是指示、配置、作业分配等的不合理，训练指导或者安全规则等的执行不彻底、走形式等。这些都会成为形成事故的间接原因。

人的行为是复杂的，人会因为时间、地点、状况的变化而变化。主管要充分了解现场的人，不要认为已经教过了、训练过了就完事了，一定要充分地观察和了解他们的性格，在适当的时候有必要个别地给予正确的引导和帮助。

主管一定要严格按照卡片“工作安全”这一面所提示的有关现场“人”的各种状态，全方位地进行判断。

1.查明原因		2.思考决定	3.实施对策	4.检查结果
事　实	间接原因	直接原因 不安全行为・状态	事　故	灾　害
				人的： 物的：
	思考决定		对　策	

Ⅻ　李成主管的故事（人与物的问题）

李成是冲压现场的主管。在这个现场有 12 台从 40 吨到 150 吨的冲压机，人员的编制是 4 名班长、24 名作业员、24 名助手。工作时间是两班倒的，一个星期换一次班，主管上长白班。

有一天，当李成主管巡视现场的时候，正用 120 吨的冲压机工作的杨天与其助手赵青的作业状态映入了他的眼帘。（见后文冲压机的说明图和操作杆的说明图所示）

操作杆的说明图：A. 操作杆；B. 轴；C. 销子、操作杆销子槽的异常；D. 操作杆的焊接部分（D 处是 2 星期前操作杆裂开并焊好后的痕迹）。

这是实际发生的故事：

当赵青将手伸进去想要取出产品的时候，突然上模掉下来了，他双手的手指全部被切断了。杨天是像往常一样操作控制杆的，他完全不知道上模为什么会突然掉下来。只是，当上模掉下来的时候，杨天感觉到控制杆受到了异样的冲击。

异常时的处置

异常是指与平常的正确状态不同情形的事，是事故的预兆，或是指正在引发事故的状态。包括人的不安全行为及物的不安全状态，是指马上必须采取紧急对策的事态。

首先，重要的是要正确地掌握异常事态。了解异常事态，即在哪里发生的以及什么程度的事态，是正确处置的第一步。然后，就是着手消除异常。要判断：**“马上必须要做的事情是什么?”“之后再做也行的事情是什么?”**不难想象，突然碰到异常事态时，因慌张而无法进行适当处置的情景。紧急情况的对策，不应该影响以后的对策。为了避免在碰到异常时惊慌失措，平时就必须做哪些准备呢?

在碰到异常时，为了能立即采取适当的对策，就像故事中所讲的那样，平时的准备是非常重要的，也就是有备无患。一方面像这样去采取对策，另一方面要向上司报告并接受指示，或是根据情况，通过与相关人员、相关现场的联络，请求支援。一旦消除了异常事态，就要迅速地深挖其根源，防止同样的事态再次出现。

事故一旦发生，主管及现场的作业员就会惊慌失措，但越是慌张越是不知道自己要做什么。为了能在事故发生时镇定自如地采取对策，平时就有必要做好防止事故发生的准备。

冲压机的说明图

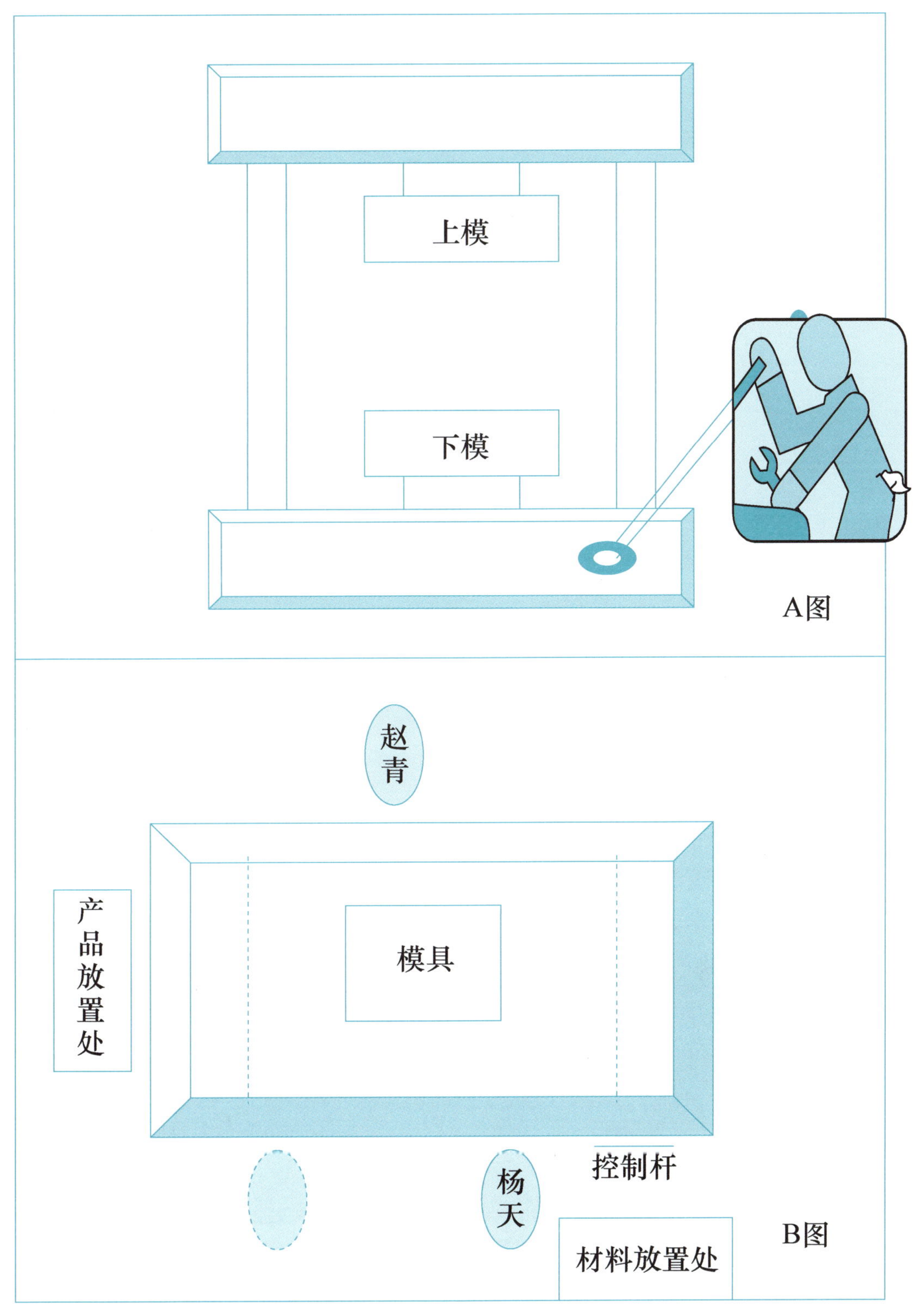

操作杆的说明图

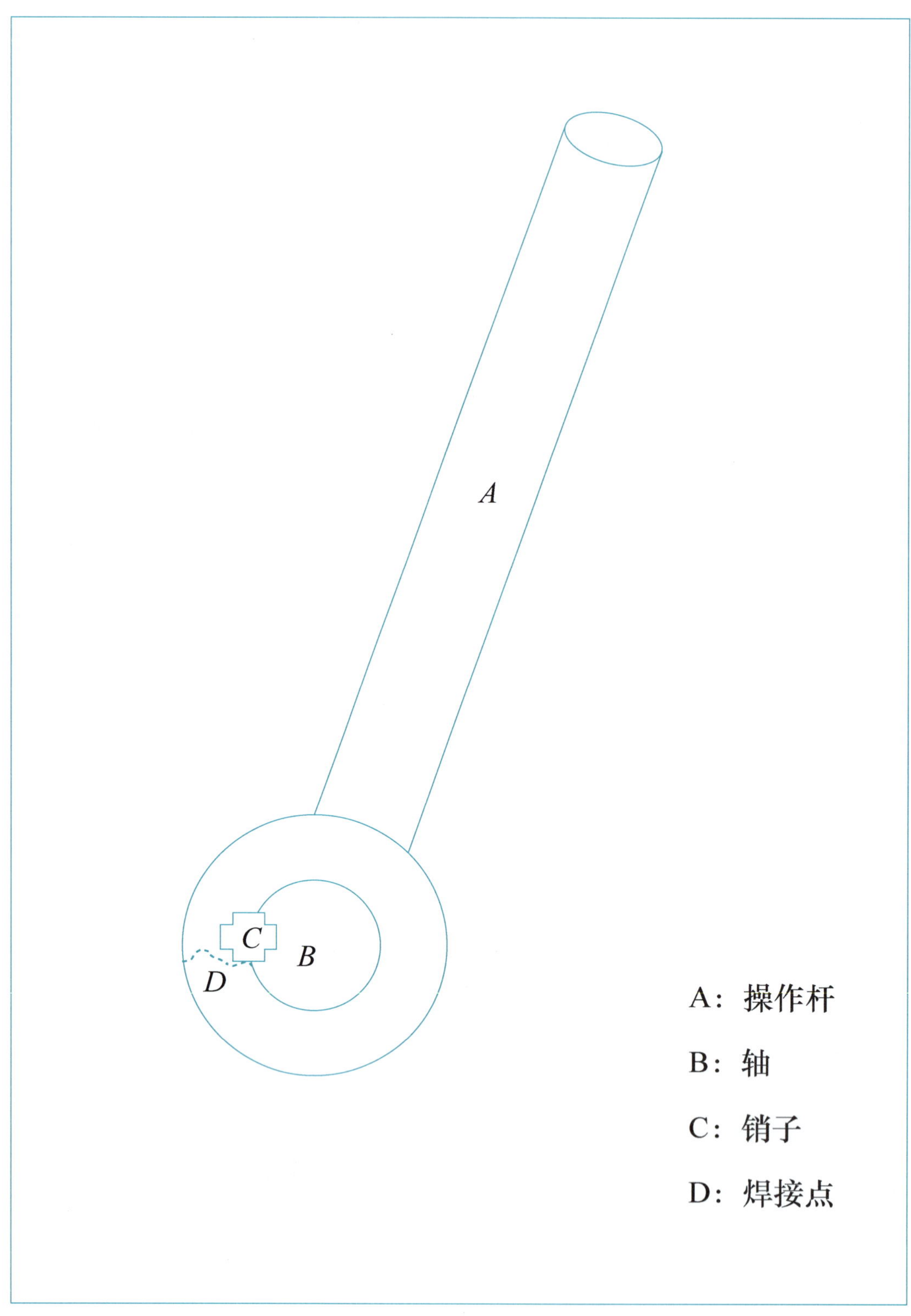

XIII　整理整顿的推进方法

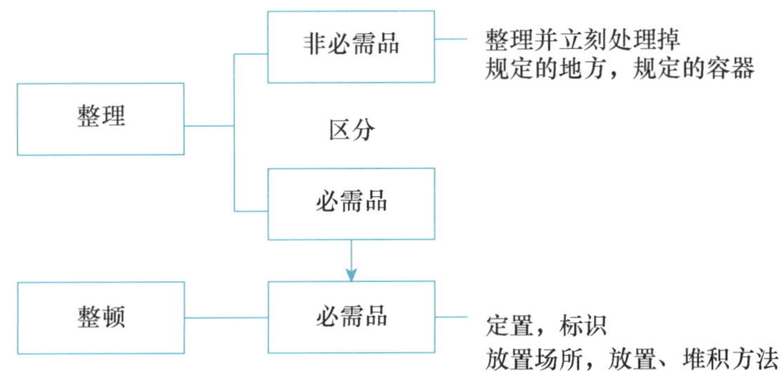

作业现场实施整理整顿

①制定职场的整理整顿基准。

让员工参与；

明确必需品与非必需品；

需处理的非必需品应放在规定的地方，放到规定的容器里；

必需品则要定置于拿取、使用、归还方便之处。

（员工不能判断要与不要时，主管应迅速作出决定，养成现场不放非必需品的习惯）

②以上基准应让全体员工知晓。

③职责的分担。

物（机械、工具、钢绳、栈板……）；

场所（职场的区域划分）。

④实施。

在产品切换时、下班时进行。

⑤在巡视现场时确认实施的结果。

发现有问题的地方随时指导，并帮助其进行改善；

将有问题的地方在职场布局图中标示，这样可以对改善起到促进作用。

XIV　规则的遵守

☆为何不遵守规则

不遵守已经“制定的规则”，大体有 3 种情况。

①不知道………知识缺乏；

②不会做………技能不熟；

③不去做………态度不正。

对于第③点：知道，也能做，而不做者，大都为态度不正（觉悟不高）的问题。

☆不遵守规则的原因

- 主管的原因

①不能说明规则的理由。

②表面看上去很严厉，应该注意的事没重视，看见当作没看见。

③什么是“危险”、什么是“不危险”的判断基准不明，由员工自行判断。

④表率、以身作则不够。

- 员工的原因

①是特定的人，还是职场的不良习惯？

②是特定的作业，还是特定的地方？

③是临时停机时，还是突然停机时？

④对规则的意义不理解。

⑤太烦了，原来就是这样的，轻视，习以为常。

☆“素养”的指导

A. 说明规则“为什么”要遵守的理由。

- 提高、发挥其思考辨别善恶的能力，传授必须遵守的知识使其认识。
- 真诚地用事例来告知其过失造成危害的严重情景。

<u>**主管也应努力掌握能说明为什么的知识。**</u>

B. 要严格严厉。

- 不要看见当作没看见。
- 要批评指责。

C. 提升荣誉和自豪感。

- 提高自尊感，持有荣辱感。

D. 惩罚分明。

- 好的表现要及时表扬，不遵守者使其注意，必要时予以惩罚。

E. 要以身作则，模范带头。

- 问候，打招呼。

XV 安全三原则

作为现场主管，如果不对现场的安全环境进行维护，安全是无法保证的。

- 整理整顿——不折不扣；
- 维护点检——仔细周密；
- 标准作业——彻底执行。

这样才能消除安全隐患，杜绝事故。为了确保现场的安全卫生，我们一刻也不能忘记一定要严格按照卡片“工作安全”这一面所提示的安全三原则全方位地进行整理整顿、维护点检、标准作业各事项。

1. 整理整顿工作场所

由于生产过程是动态的，原材料、半成品和成品不断地进出车间，同时还会产生

不少副产品和废料、边角料，使作业现场环境紊乱，极易发生事故。因此，整理整顿工作场所尤为重要。

整理整顿，就是要有一个清洁整齐、有条不紊的作业环境，这是安全作业中最基本的条件之一。工作场所的物品要按“需要的”和“不需要的”分开，清除不需要的物品。其原则是，凡是生产活动所必需的物品和生产过程中的产品均为需要品，如机器设备、工具、各种原材料、辅助材料以及成品、半成品；除此之外的物品都属于不需要的物品，如垃圾和边角料等，都应及时清除。

如果工作场所垃圾满地，产品不分好坏到处乱堆，就会使人心情烦躁，增加心理疲劳，往往会发生碰、撞、滑、跌等事故。为避免这类情况的发生，就必须及时整理整顿。在工作过程中，要随时进行清理，以保持一个整洁有序的作业环境。下班时，对工作场所也必须进行一次全面整理。

2. 维护保养设备

如果一个人劳逸不当，就容易疲劳，需要考虑增加营养，注意休息，以保持充沛的精力，这样才能精神饱满地从事工作和学习。机器、设备也是如此，机器要按时清理、加油，始终保持润滑、清洁，开工前应进行一次检查，发现小毛病要立即“医治”，发现不安全的因素要立即排除；设备不要带病运转，更不能超负荷运转。现场员工要严格按照设备检查和维修的规定定期进行检查和维修及保养，让设备始终保持在安全正常的状态下运行。

3. 按照标准进行作业

遵守安全操作规程，不管谁操作，都能达到“安全”、“正确”、“迅速”、“方便”的工作目标。内在含义是：

“安全”：不管谁操作，都不会发生事故；

“正确”：不管谁操作，都出同样成果；

“迅速”：不管谁操作，都能完成生产计划；

“方便”：不管谁操作，操作者不增加疲劳，工作时能得心应手。

XVI 结束语

关于时刻关注职场发生的问题，带着问题意识去工作的重要性，前面已经阐述过了。问题有很多种类型，从大的方面可分为两大类：（A）关于人的问题；（B）关于物的问题。

谈到关于人的问题，对每一名员工来说，为了完成任务，就要具备 3 个必要的条件。即：

①**必要的知识；**

②**必要的技能；**

③**必要的态度。**

首先，作为第一位的必要条件是知识和技能，如果知识不足、技能不熟，就不能很好地完成任务，就有可能出现工作延误以及品质差等“问题”。

解决员工知识不足、技能不熟这个问题时，可以使用“工作指导”的技能，只要指导正确，就能让他正确地工作。

其次，如果不具备态度这个必要条件，员工对待工作就有可能没有积极性，不遵守规则，或者由于不关心相互间的关系导致人际关系差，也会成为影响工作完成的障碍“问题”。

对于人际关系这个问题，可以通过活用“工作关系”的技能来解决。

谈到关于物的问题，由于难做的作业、费事的物品移动及搬运、烦琐的使用方法等情况，给品质、生产、成本带来了不良的影响，成了“问题”。

这个问题，可使用“工作改善”的技能来解决。

最重要的是工作安全所讲述的“安全就是提前考虑对策，采取措施；而不是事故发生之后的善后处理”。对于生产过程中的安全卫生管理，作为主管，要在繁忙的动与静的、人与物的运动中保障人们的人身安全，就一定要运用安全作业的科学方法，结合 JI/JR/JM 的工作技能来消除一切安全隐患。

以上的内容如下表所示。

职场问题与 TWI 的主要关系

职场的问题	解决问题的技能	TWI—4J 的活用范围
关于员工的工作		
不理解	活用 JI	使员工能理解作业， 也可以使他变得能干。 （也要活用 JM、JR）
不会做		
不充分		
关于职场的作业方法及成果		
难做	活用 JM	通过改善作业方法及配置等， 使作业变得轻松、易做、有效。 （也要活用 JI、JR）
费事		
费力		
不习惯		
关于职场的人际关系		
没干劲	活用 JR	预防与职场的人之间问题的发生， 或妥善地处理已发生的问题， 创造愉快工作的职场。 （也要活用 JI、JM）
散漫		
人际关系差		
人员流动率高		
关于安全卫生的管理	活用 JS	（也要活用 JI、JR、JM）

注：JI：Job Instruction（工作指导）
JR：Job Relations （工作关系）
JM：Job Methods （工作改善）
JS：Job Safety （工作安全）

参　考　资　料

（含主要常用表格）

1. 实施 “工作安全” 之际的提示与建议

通过以上的内容，大家已经了解了有关“工作安全”的相关知识，通过自身案例的练习，也理解了如何来运用安全作业的方法。接下来，大家就要根据已经掌握的相关要领在现场进行运用。因为安全作业方法的运用与“**工作指导、工作改善、工作关系**”有着密切的关系，所以现场的科学管理要综合地活学活用各项工作技能才能达到和完成主管的责任。无灾害的记录不是运气，是主管努力的成果！

①标准作业是安全的重要环节。为了能让员工安全地标准作业，离不开主管有计划地进行正确的工作指导。因此，主管需要掌握指导的技能，严格按照 JI“工作指导”的卡片对员工进行训练。同时，作业分解中与安全相关的要点不能遗漏。

②根据 JR“工作关系”中所提示的“工作状态确认表”，尽快建立员工的工作档案，特别是与安全相关的内容一定要详细记录。同时主管要理解自己的工作是通过部属来取得成果的，因此掌握待人的技能、及时了解和掌握员工的心情/情绪/态度等事项，对安全而言是非常重要的。

③在生产过程中，主管要随时注意现场的各种状况。人与物的各种动态变化都有可能会引发事故，所以，对作业的环境、作业的难易度及作业中人的劳动强度、身心状态等现场状况，主管切记要时刻关注。这样就需要主管根据 JM“工作改善”的方法，有计划地选择对生产有影响的，特别是容易发生事故的作业不断地进行改善，运用改善的技能消除作业中的一切安全隐患。

④建立现场班组层面的安全活动体制。坚持长期的、有计划的安全小组活动，根据 JS“工作安全”提示的“安全三要素”，确实地执行“整理整顿、维护点检、标准作业”。同时，对危险源的管理一定要落实执行到位，运用安全作业方法（技能）的 4 阶段法来消除一切安全隐患。

TWI 是解决现场问题的重要工具

<table>
<tr><td>JI——工作指导的方法
训练预定计划
训练谁/何种工作
何时完成
作业分解
工具设备/现场准备
使其轻松/正确位置
清楚完整耐心地指导
主要步骤・要点・理由
确认其完全掌握
不断跟踪使其独立</td><td>JM——工作改善的方法
分解作业
记录作业全部细节
搬运・机械・手工作业
自问细节
为什么/什么/哪里
何时/谁/什么方法
构思新方法
去除/合并/重组/简化
实施新方法
理解—认可—执行—功绩</td></tr>
<tr><td>JR——现场问题的解决方法
掌握事实——现场・现物・现实
慎重思考——相互/因果关系
依据事实——考虑措施
判断措施的影响
①目的；②本人；③职场；④生产
决定措施——顺序/时机
采取措施——不推卸责任
责任/能力/权限/时机
确认结果——达到目的
时机/频次/人与生产</td><td>JS——安全作业的方法
查明原因——追根寻源
从物到人的全方位
观察/调查/询问/规则
思考决定——自我反省
分析原因——考虑对策
实施对策——立刻执行
责任/权限/能力
检查结果——预防隐患再生
再三确认——确实执行
5S—点检—标准作业</td></tr>
</table>

2. 跟踪训练（追加指导）的必要性及体制

导入TWI训练之初，并没把接受各课程（工作指导、工作改善、工作关系、工作安全）的10小时训练作为最终的目标，在工作现场继续地、积极地、正确地活用受训内容才是当初的目的。

要使参加过培训的主管能够正确地活用训练的内容、技巧，前提就是他的上司也要接受10小时的训练，还要学习跟踪指导的流程方法，这才是开始跟踪训练（追加指导）的理由。

这种想法就是，使参加过各课程10小时讲座的每一位主管，要掌握其内容与技能，并活用到实际的工作之中去。

第一，受训的每个人在理解度及活用度上存在着差异。为了把它提高到一定的水平以上，继续跟踪训练指导就变得非常必要了。

第二，10小时讲座的各课程都是把作为原则的思考方法及技巧作为训练内容的，把这些活用于现场之后，因各个现场的问题点及状况有所不同，这种方法和实际工作进行对接时就会出现困难或疑惑，所以就有必要让他们的上司持续不断地对此进行跟踪训练及追加指导。

第三，即使是受训主管能够正确地活用，并提高了这种技能以后，也有必要继续关注下去。

综上所述，跟踪训练是必不可少的、非常重要的。

那么，由谁、在哪儿、如何去做跟踪训练呢？各位主管的上司必须把跟踪训练作为自己的职责去做。而且，这种训练是在现场上通过实际工作来进行的。

近年来，正在被广大企业积极地接受的O.J.T（on the job training），就是上司指导部属使其能顺利地完成任务，广义上还包括为将来培育人才。

TWI跟踪训练的目的是提高主管的指导能力，使他们能够更好地培养部属，而这也正是O.J.T的目的。

另外，如何去做这种跟踪训练呢？上司在现场通过日常业务，通常是根据每位员工的情况，以一对一的方式进行训练，这样做一方面可以帮助主管们充分理解10小时讲座的内容，另一方面针对活用后的问题点，通过小组研究讨论的方式来加深理解，通过上司的重视来推动主管们将课上所学的知识技能活用在工作中。跟踪训练是一个边确认结果、边持续进行训练的过程和方法。

跟踪训练在职场上的关系，一般如图所示：

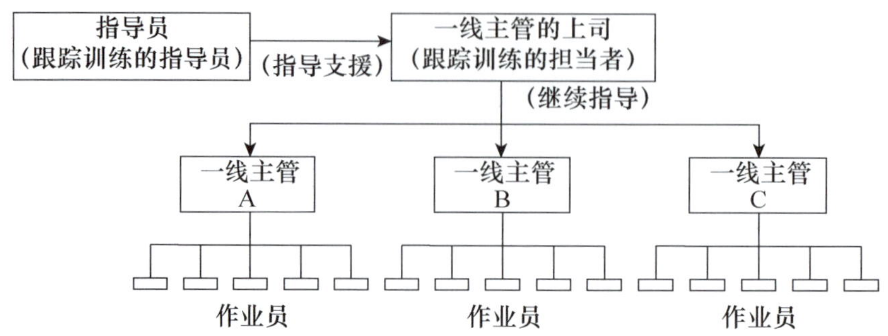

按照岗位制度继续指导＝从科室到现场（间接部门到直接部门）的跟踪训练。

按照岗位制度继续指导就是指，让第一线、第二线的主管同时接受10小时训练（基础训练），为使第二线主管（科室）能够对第一线主管进行追加指导，要对他们专门进行跟踪指导员的跟踪训练，之后再让其对部属第一线主管进行跟踪指导。这就是所谓的从科室到现场的跟踪训练。

跟踪训练的进行方法：

①由训练员和跟踪指导员在生产现场进行指导。

②一线主管们的直接上司要把跟踪指导部属作为一项日常工作，持续地进行下去。

③把受训者分成小组，举行研究会、恳谈会，通过分享经验、交换意见、讨论问题等方式来进行跟踪指导。

④在公司的报纸、杂志、文化墙、海报专栏以及会议纪要或其他小册子上登载训练项目的应用情况、案例成果、问题点、参考资料等，也就是通过印刷品这个有形的载体来推进现场指导与应用。

⑤充分选择提问事项，以反思、督促为目的，通过问卷调查方法来完成。

3. 对指导者（主管）的要求

（1）作为指导者的觉悟

如果指导者不能经常为具备下列能力而努力，就不能算是一位优秀的指导者。

①确立指导目的。

如果明确了何时停止、采用何种方法、去指导什么等目标，在指导时就不会发生中途指导内容离题这种事情了。

②正确地使用指导方法。

无论是知识还是技能，为了让对方能充分地理解，就必须要活用指导方法。TWI“工作指导”在各种各样的指导方法中，是极其有效的指导方法之一。

③考虑对方的立场。

考虑学习者的条件（能力、热情、经验等），必须要实施与之相称的指导。

④要有耐心。

由于学习者的能力、性格、立场等，可能会出现怎么教也难指导下去的情况。这时，要牢记“工作指导”第2阶段的细目“耐心地”所说的内容，抑制焦躁情绪，继续指导。

⑤让慈爱与严厉并存。

对于指导者来说，如果不严厉，就不能正确地传达要指导的内容。但是正因为背后有对学习者的慈爱，所以学习者才能够忍受这种严厉。

⑥要有热情。

对于指导有诚意，就会流露出热情，据此影响学习者的态度，使他认真接受。

⑦要谦虚。

指导者如果认为自己比要指导的人强，总是自负，无论是对于要指导的人还是对自己，都不会有进步和提高。

⑧要有自信。

指导者只有对指导内容有信心，才能够充分发挥自己的指导能力，才能保持指导者的权威。

⑨能够随机应变。

在指导中指导条件是会经常发生变化的，如果不能做顺应这些变化的指导，就很难达成指导目标。所以，指导者要有足够洞察力、决断力去顺应变化。

⑩持续学习与提高。

如果指导者日常不努力使自己的知识、技能经常得以提高，就不能做出完善的指导。

⑪身心健康。

只有身心都健康，才能完成指导者的使命。所以，指导者日常必须要充分注意保持自己的身心健康。

（2）指导者的表现力

在 TWI“工作指导”第 2 阶段的细目中有“讲给他听，做给他看”，关于这些内容，详细说明如下。

关于“讲给他听”。

各位主管都有在①指导部属，②回答部属的疑问，③在会议上陈述意见，④与人交涉等各种各样场合必须要讲话的情况。

那么，让我们来考虑一下说话这件事。

说话有 8 个要素，声音：①或高；②或低；③或强；④或弱；⑤或快；⑥或慢；⑦抑扬；⑧间隔。要根据说话时的条件，来使用这 8 个要素。

关于“做给他看”。

在指导的时候，必须要充分注意：①身体的动作如何；②表情如何；③与对方间的位置如何；④注意对方的反应了吗？自己所做的示范是否正确？等等。

关于“写给他看”。

在黑板或一些纸张上，写文字或画图给学习者看时，必须要注意：①是否清晰；②布局是否合理；③速度是否适当；④有无错别字；⑤有无漏字；⑥是否常用字；⑦是否对专业术语作了解说等。

指导者若充分留意上述事项，表现力就会丰富起来，与学习者的沟通也会变得顺利。

（3）指导的基本思考方法

1）学习、帮助的方法。

①练习的法则。

技能这种东西，越是持续不断地进行有效的练习就越会提高。

②最初经验的法则（第一印象法则）。

学习者都能够深刻地领会他最初所学的东西。

③印象强度的法则。

越是反复强调指导的内容，就越能让学习者铭记于心。

④紧跟的法则。

在做给学习者看之后，要马上让他试做。这两件事的间隔越短，学习者就越容易理解。

⑤影响的法则（或效果的法则）。

一次的学习能够引出下一次的学习欲望。

⑥不使用的法则（由于不使用技能减退的法则）。

技能这种东西，如果学会后不使用，这种能力就会渐渐地减弱。

2）指导的事前准备越充分，指导的效果就越好。人们常说："八分准备两分工作。"

3）小组学习。与单独学习相比，多数人一起学习可以各自比较反省，也可以互相帮助，所以效率高。

4）如果学习者有进取心，就能比被动学习更好地掌握。即所谓的"主动学习"。

5）以前掌握的知识、技能，有助于新的知识、技能的掌握。即所谓的"联合学习"。

6）按"从易到难"的顺序进行指导。

7）用"一时一事"的方法，不要一次进行多种内容的指导。

8）边观察学习者的反应，边进行合理的指导。

（4）主管要了解部属的实际状态

可以认为部属是主管的手足，即自己的一部分。必须充分理解，只有通过部属的工作才能达成职场的业绩。

如果说部属是自己的手足，那么充分了解部属，了解如何才能有效地发挥部属的能力就变得非常重要了。

了解部属的方法，最好是自问下列的问题。

①部属在职场上尽到职责了吗？

部属的能力、经验、工作态度及心情如何？

②部属对主管的态度如何？

部属在命令、指导、帮助的接受方面情况如何？

③部属对职场的适应性如何？

部属的健康、能力、兴趣及与同事的关系等如何？其影响如何？

④部属对公司（职场）的看法如何？

部属对于工资、工作场所、工作分配、担当的业务、待遇等情况，有何想法？

这些自问适用于TWI"工作关系"第1阶段的"要掌握全部事实经过"。

这种情况也可以活用"工作现场问题的处理方法"的4阶段法。

综上所述，清楚地掌握每一位部属的实际情况，在此基础上就能够进行适当的作业（业务）指导了。对于了解每一位部属的实际情况，TWI"工作关系"能够给予很大的帮助。

（5）职场上让主管头痛的根源（问题）

职场问题中的一个大问题就是，部属对工作没有干劲。

这种情况下，"掌握事实"即了解为什么会变成这样的事实，也就成了发现问题解决问题的前提了。

员工提不起干劲通常会有如下原因：

①目标不明确。

②有其他担心的事。

③断定自己做不了。

④认为即使做了也没有意义。

⑤对下一步不抱希望。

⑥认为一旦做错了，很不体面。

⑦对健康、体力没有自信。

⑧用人机制不完善。

⑨没有应做的气氛。

⑩怕给其他人带来麻烦。

⑪需要钱。

⑫没空暇。

(6) 理想的管理者和主管的特征

主管应经常反思自己是否已经具备了下列能力：

①具有优秀的组织力	组织性
②具有对部属的指导能力	指导性
③具有计划工作的能力	计划性
④具有专业知识	研究性
⑤具有领导力	统率性
⑥具有判断力、执行力	机敏性
⑦责任感强	自觉性
⑧有建设性的行动力	积极性
⑨具有主动思考能力	创造性
⑩具有资讯的选择及综合利用力	整合性
⑪具有身心的持久力	持续性

请各位主管不断地培养和提高自己的这些能力，为使自己成为优秀的管理者和监督者而努力吧。

(7) 领导力就是指导力

1）领导力。

一般认为，领导力（leadership）就是指导力或是统率力。

指导力正如其文字所示，是指示、引导的能力，即明确指示大家应前进的“方向”，带领大家朝那个方向努力的能力。

2）领导力是作为主管的最高条件。

最近经常听到“发挥领导力”这样的话。在工作现场主管发挥领导力是指，给部属指示“方向”，鼓起大家的干劲，朝着那个方向努力，使部属采取理想的行动。

3）优秀主管的方法。

主管在自己的工作现场给部属布置工作的时候，主管想让部属做的事，包括：

①在希望的时间；

②用希望的方法；

③不是犹豫不决，而是心甘情愿地去做。

把能使部属达到以上状态的方法，称为优秀主管的方法。

优秀主管的方法就是好的统率方法，也可以称为优秀主管的原理。

优秀主管就是掌握了优秀的统率法，即具备领导力的主管。

4. 常用表格

安全分析表

<table>
<tr><th>事实</th><th>间接原因</th><th>直接原因
不安全行为・状态</th><th>事故</th><th>灾害　数字表示</th></tr>
<tr><td rowspan="6"></td><td></td><td></td><td></td><td>人的：
物的：</td></tr>
<tr><td rowspan="5">对策</td><td colspan="2" rowspan="5"></td><td>经费预算</td></tr>
<tr><td>元</td></tr>
<tr><td>时间</td></tr>
<tr><td>物质</td></tr>
<tr><td>其他</td></tr>
</table>

对策的实施计划

对策/No.	对策	实施者 是谁/对谁	日期 开始/结束	场所 在哪里	方法 怎样做	确认

对策的实施计划 （记录例）

对策/No.	对策	实施者 是谁/对谁	日期 开始/结束	场所 在哪里	方法 怎样做	确认
1	让无行车运行资格的员工参加行车运行的特别讲座。无资格认定者不得运行	班长对员工	即日	现场	让员工参加公司内部及外部的资格认定讲座。 现场展示有资格员工一览表。 工作分配时只指定有资格员工作业。	班长
2	作业指示时，对安全作业的要点进行指导	班长对员工	即日	现场	指导在作业步骤中的要点、须唱票确认之处及发生问题时的对应方法。 采用提问的方式来确认。 利用不定期的现场班组讨论会进行确认。	班长
3	制定职场的 5S 基准并实施	班长对员工	7 天以内	现场	让员工一起参加制定工作。 非必需品的确认→ 处理的地方、容器。 必需品的确认→ 放置的地方、放置方法、标识等。 明确分工，指定责任者。 在产品切换时、下班时实施。	班长
4	制定起吊用的钢绳（麻绳）的日常点检表并实施	班长对员工	10 天以内	现场	让员工一起参与制定。 选定点检者。 责任者对其进行培训。 点检工作每天实施、确认。 有问题之处立刻按规定进行改善。	班长
5	实施确认时的唱票制度	班长对员工	20 天以内	会议室	举行班组会议，强调唱票制度的目的。充分让大家发表意见，找出问题点。对能够实施唱票的地方进行确认并实施。 为持续贯彻唱票制度，在早会上汇报实施状况。 现场巡视如发现不按规定执行的员工，立刻要进行现场指导。	班长
6	对 B 员工实施安全卫生教育计划	班长 对 B 员工	根据计划	会议室	按计划实施，向（车间）安全卫生委员会汇报职场的实施状况（推进状况、问题点等），得到上级的指导及援助。	班长

现场点检表

职场　　　　点检者　　　　月　　日

项目	谁	何时	哪里	什么	怎么样 （不安全行为·状态）	理由
材料·器材						
设备						
机械						
工装用具						
作业方法						
人员配置						
危险物·有害物						
作业环境						
能力的程度						
身心的状态						
作业态度						
作业时状态						
劳保用具的使用						
工具的使用方法						
人际关系						
其他						

现场点检表

状态/物		状态/人		部属性格
要破碎了	**材料・器材**	可能不知道	**能力的程度**	**恐惧型**
要滑掉了	是否规格品	可能不会做	行不行	轻视自己，对自己无信心，比较消极。生怕发生危险和事故。
要倒下了	材质，重量	可能没注意	程度	
要掉下了	形状，边缘，表面	可能在偷懒	是否过于夸张	
要碰撞了	作业中的废料	可能想蒙人	**身心的状态**	**小心型**
要夹住了	**设备**	可能在隐瞒	健康	特别关注小事，无全局观念。集中关注一件事而忽视其他的危险，从而引发事故。
要卡住了	是否狭窄	可能想睡觉	感觉	
要卷入了	凹凸	可能发脾气	思维方法	
要切断了	有无障碍物	可能在硬撑	期待，期望	**疏忽散漫型**
要损坏了	棚架，扶手，标识	可能会吞入	与平时有何不同	虽活泼，但不稳重。行为粗枝大叶容易引发大事故。特别是共同作业时会给对方造成危险。
要脱落了	踏板，下水盖	可能会吸入	**作业态度**	
要弹掉了	紧急通道	可能会吃入	投入性	
要扎到了	漏电，地线	可能会哭	是否按规定、规则	**紧张型**
要压碎了	绝缘，开关按钮，插头插座	可能会笑	不良的癖好	非常谨慎，动作不够灵活，缺乏状况变化的对应能力。特别是共同作业时会给对方造成危险。
要倒塌了	安全装置，制动机		漠不关心	
要绊住了	耗损，破损，脱落		粗暴性	
要打开了	动力遮断装置		服装	**神经质型**
要关闭了	墙壁，工作台，立柱，屋顶		**作业时状态**	总是焦躁不安，过于敏感，造成神经过于疲劳。
要脱离了	防火，保护，共用用具等		作业速度	
要蔓延了	**机械**		作业节奏	
要粘上了	安全装置，覆盖物		思与动是否一致	
要消失了	运转速度		是否过于谨慎	
要踏上了	耗损，破损，脱落		**劳保用具的使用**	
要颠倒了	部品，工装夹具		是否按照惯例使用	
要着火了	废油，废物		使用理由是否理解	
要触电了	检查方法		是否适用、实用	
要入眼了	注油，清扫方法等		**工具的使用方法**	
要烧伤了	**工装用具**		工具是否正确	
要跳下来了	是否使用正规的工装用具		方法是否正确	
要跳上去了	耗损，破损，脱落，变形		工具使用手势状况	
	有无代用的工装用具		有无代用的工具	
	整理，保养保管方法，数量		放置场所状况	
	作业方法		**人际关系**	
	身体重心，位置		与上司	
	动作的强度		与同事	
	顺序，速度，实际状态		与伙伴	
	人员配置		联络的状况	
	动作的状态			
	拿取次数与移动距离			
	场所的利用			
	危险物・有害物			
	是否数量正确			
	保管的容器和方法			
	气体，光线，粉尘，火情			
	可燃性物质			
	静电，化学反应等			
	作业环境			
	照明，采光，过暗过亮			
	温度，湿度，噪声			
	换气是否充分			
	废品的处置方法			
	非必需品的处置方法			

后　记

【工作安全】（TWI-JS）作为培养企业一线主管的经典教程TWI培训的四大模块之一，与其他三个美国开发的教程（JI/JR/JM）不同，由日本产业训练协会吸取英国经验在1968年单独开发，并成为日本厚生劳动省的指定培训教程。

JS工作安全和其他三个教程一起，为日本企业通过尊重人性推行标准化作业和全面质量管理打下了坚实基础，也对日本产业界的发展作出了不可磨灭的贡献。不仅制造业的现场存在多种安全隐患，就是服务业的现场，也会因员工的不安全动作而导致人身事故，JS工作安全教程以JR工作关系的现场事实分析为基础，把现场安全的重点和责任锁定在现场管理者的应知应会之中，虽然比其他三个教程晚开发20余年，日本企业界在导入JS工作安全教程之后，减少安全事故和死伤人数的记录令人瞩目。

本手册由上海能盟企业咨询管理公司根据日本产业训练协会提供的有关资料整理编译，并酌情删减了与日本安全法律有关的内容。目前TWI-JS的日产训资格还不多，截至2016年底，TWI-JS的日产训资格中国指导讲师为56名，累计受训者数千人，是TWI培训4个模块中受训人数最少、潜力最大的培训项目。此次《TWI工作安全（JS）学员练习手册》作为日本产业训练协会TWI/MTP培训的指定教材，由中国人民大学出版社正式出版，期待能够帮助广大中国企业扎扎实实补上这一课，并通过长期反复训练，使TWI训练扎根于各行业的企业之中，真正成为企业管理者管理技能培训中的首选基础教程。我们确信，中国的企业家和管理者，也能从本手册中找到世界顶级企业如何在严格的现场管理中培养出一流人才、打造出一流产品和服务的标准答案。

本书主编　谢小彬

2017年3月

(JS 资料 1)

工作安全

物：材料・器材
设备・机械・工装用具　　・应有状态
作业方法・布局　　・放置状态
危险物・有害物　　・使用状态
作业环境

人：能力的程度
身心的状态　　・不知道
作业态度・方法　　・不能做
劳保用具的使用　　・不想做
工具的使用方法　　・不去做
人际关系

接触：人与物接触时的时机・状态

安全三原则

整理整顿・维护点检・标准作业

无灾害的记录不是运气
是我们主管努力的成果

尊重人性！究明原因！

社团法人日本产业训练协会授权

安全作业的方法

安全就是提前考虑对策，采取措施；
而不是事故发生之后的善后处理

第 1 阶段——查明原因
观察・调查・询问
从物到人全方位
参照规则与惯例
安全意识不松懈
事故风险要预见
要追根寻源

第 2 阶段——思考决定
分析原因理关系
要询问知情人士
要考虑多种对策
要确认方针规则
要制定第二预案
要自我反省

第 3 阶段——实施对策
是否能自己完成
是否要报告上司
是否需求助他人
要立刻实行

第 4 阶段——检查结果
是否已再三确认
是否已确实执行
是否原因已消除
是否隐患会再生

有事故必有原因 消除一切安全隐患

上海：上海能盟企业管理咨询有限公司
地址：上海市徐汇区襄阳南路 500 号巴黎时韵 508 室　邮编 200031
电话：021-64666083　传真：021-64666083
网站：www.jitachina.org

关于受训者如何取得 TWI 普通学员证书的说明

TWI（Training Within Industry）培训是现场主管的管理技能基础训练教程，共有 JI/JR/JM/JS 四个模块，起源于 20 世纪 20 年代的英国，建立于第二次世界大战期间的美国，战后经美国建议导入日本，成为所有行业实施必须职业训练中的首选教程。

社团法人日本产业训练协会（JITA，简称日产训），成立于 1955 年，已有 60 多年历史，自日本政府把 TWI/MTP（企业中高层管理技能训练教程）这两部教程正式转入民间起，日产训与 TWI/MTP 培训一起成长，如今已成为 TWI/MTP 培训的代名词。日产训主要以上市企业为中心，以会员制形式为日本各大企业集团等提供 TWI/MTP 培训服务，与政府立法用国家预算支持培训中小企业的培训形式形成明确分工，是完全的民间社团法人。60 多年来日产训先后实施了 2 000 次（每次 6 天）以上的 TWI 讲师训练教程，授予了 JI/JR/JM/JS 四个模块共 2 万余名讲师资格证书（也称为 TWI 十小时训练指导员证书），累计受训者超过 1 500 万人。

自 1998 年 TWI/MTP 培训被导入中国，2007 年日产训开始在中国进行 TWI 讲师培训（TWI-TTT）以来，截至 2016 年底，已经培养了 1 032 人次的日产训资格的中国 TWI 各模块普通班讲师，间接培训了约 10 万名以上的大中企业一线主管。2016 年 7 月 2 日，经日本产业训练协会认可，由长期推动 TWI/MTP 培训的 7 家中国企业管理培训咨询法人一起发起建立了中外 TWI-MTP 推进研究会，旨在坚持 100%使用原版著作权教材，进一步在中国发展和扩大 TWI/MTP 培训事业。

2017 年起，TWI 各模块普通班学员证书将陆续改为由中外 TWI-MTP 推进研究会会长签署（原日产训中国区代表签署的证书继续有效），日产训资格讲师登录日产训中国官网后可按照培训参加人数索取（中外 TWI-MTP 推进研究会副会长单位可以和会长一起联名颁发普通班共同证书），证明该学员参加了 TWI-JI/JR/JM/JS 普通班标准培训，并由日产训中国讲师资格者签字生效。

关于已经获得日产训资格的讲师名录和中外 TWI-MTP 推进研究会会长、副会长单位，可以随时通过 www. jitachina. org 网站查询，以确保 TWI 技能训练教程的世界标准性。

社团法人日本产业训练协会主导的中国 TWI 培训，以 JI/JR/JM/JS 四个模块的讲师指导手册、学员练习手册和 4 阶段法卡片三位一体方式，创造了中国培训界前所未有的高度标准化模式。这是为了使受训企业的经营层、管理层和广大员工能够对 TWI 培训的内容有正确的理解，使企业的改革创新活动有扎实的标准化根基。我们期待 TWI 技能训练教程这一世界产业界的瑰宝同样能在中国生根开花，并发展壮大，为中国创造世界通用的一流产品和服务作出应有贡献。

中外 TWI-MTP 推进研究会（2017/3）

查询日产训资格中国 TWI 讲师名录，请登录以下网站：

www. jitachina. org

图书在版编目（CIP）数据

TWI 工作安全（JS）学员练习手册/谢小彬主编. —北京：中国人民大学出版社，2016.1
ISBN 978-7-300-22432-9

Ⅰ.①T… Ⅱ.①谢… Ⅲ.①中小企业-生产管理-手册 Ⅳ.①F276.3-62

中国版本图书馆 CIP 数据核字（2016）第 021530 号

TWI 工作安全（JS）学员练习手册
谢小彬　主编
TWI Gongzuo Anquan（JS）Xueyuan Lianxi Shouce

出版发行	中国人民大学出版社		
社　　址	北京中关村大街 31 号	**邮政编码**	100080
电　　话	010－62511242（总编室）		010－62511770（质管部）
	010－82501766（邮购部）		010－62514148（门市部）
	010－62515195（发行公司）		010－62515275（盗版举报）
网　　址	http://www.crup.com.cn		
	http://www.1kao.com.cn(中国 1 考网)		
经　　销	新华书店		
印　　刷	北京玺诚印务有限公司		
规　　格	210 mm×285 mm　16 开本	**版　　次**	2016 年 3 月第 1 版
印　　张	3.5	**印　　次**	2021 年 1 月第 4 次印刷
字　　数	53 000	**定　　价**	39.50 元